Lieutenant J. DIEZ

DE LA

# Force Morale

## AU POINT DE VUE MILITAIRE

**PARIS**

# HENRI CHARLES-LAVAUZELLE

Éditeur militaire

10, Rue Danton, Boulevard Saint-Germain, 118

—

(MÊME MAISON A LIMOGES)

# DE LA

# FORCE MORALE

## AU POINT DE VUE MILITAIRE

Lieutenant J. DIEZ

# DE LA

# Force Morale

## AU POINT DE VUE MILITAIRE

**PARIS**

HENRI CHARLES-LAVAUZELLE

Éditeur militaire

10, Rue Danton, Boulevard Saint-Germain, 118

(MÊME MAISON A LIMOGES)

# PRÉFACE

> Tout conducteur d'hommes doit
> être un éducateur, partant un obser-
> vateur et un psychologue.

La situation morale de notre armée attire l'attention
de ceux qui ont au cœur le souci de la grandeur de
la France. Les uns ne veulent voir dans l'éclosion des
idées nouvelles qu'un signe de décadence morale. Les
autres, au contraire, tout aussi convaincus et aussi
dévoués à la cause nationale, saluent l'aurore des
temps nouveaux qui, pour eux, sont le fruit du progrès des idées et des mœurs, des conceptions sociales,
de la civilisation en un mot.

Quelles que soient les opinions que l'on ait sur cette
question vitale, on ne peut rester indifférent. Le scepticisme conduit droit à la mort politique, à la mort
sociale. Tous ceux qui possèdent un ardent amour du
pays ne peuvent se désintéresser de l'évolution qui
se fait dans nos mœurs et dans nos habitudes. Il est
de leur devoir de se placer à la tête du mouvement,
non pour l'enrayer — on n'arrête pas le progrès dans
sa marche — mais pour le diriger, faire du torrent
dévastateur une rivière bienfaisante, distributrice de
bonheur et de richesse.

Il est admis aujourd'hui, à peu près universellement,
que la *société a pour base une profonde et rigoureuse
solidarité.* Cette vérité cardinale doit avant tout arrêter
notre attention. C'est qu'en effet, la psychologie et la

morale couramment étudiées s'en tiennent trop à l'individu. Le jeune homme, au sortir des établissements d'instruction, a reçu, au point de vue scientifique et littéraire, un bagage généralement suffisant. Mais ce qu'il faudrait, en outre et surtout lui donner, c'est une culture civique et sociale. Il semble que l'on n'ait pas encore senti l'essentielle nécessité de faire comprendre à tous le grand mécanisme social dont chaque être est un rouage agissant et profitant, la meule qui, sous l'effort commun, broie le pain de l'humanité. C'est pourtant là la terrible et superbe loi de la vie, c'est l'équilibre entre l'effort et son fruit, moralité souveraine qui fait honte à l'inutile, met l'instinct de fierté aux cœurs les plus veules, une fièvre d'action aux doigts les plus mous!

Malgré ce défaut de préparation, nous désirons que l'officier utilise l'influence légitime dont il dispose pour contribuer à l'éducation sociale de la nation. Il peut le faire s'il a conscience de sa lourde responsabilité et surtout s'il est convaincu que le but, dans notre pays en république, c'est de donner des âmes loyales à tous, plutôt que de fabriquer des têtes savantes. Le jour où tous comprendront que *l'éducation sociale* c'est une *théorie positive de la solidarité*, ce jour-là, nous aurons peut-être moins de docteurs, nous aurons davantage d'honnêtes hommes.

Mais, pour atteindre ce résultat, il faut que ceux qui sont détenteurs d'une parcelle quelconque d'influence sociale ne se confinent plus dans l'analyse solitaire d'un moi quelconque ou ne s'égarent plus dans la physiologie cérébrale. Il faut que les efforts tendent vers les études de la psychologie collective, la psychologie des esprits associés qui donne les lois du développement des cités et des sociétés.

D'où étude des traditions orales, littéraires, esthétiques, scientifiques; étude des sentiments, des passions et des intérêts; étude des institutions multiples de direction collective, de gouvernement, qui forment une vaste série d'influences sociales enchevêtrées que tout homme, chargé d'instruire d'autres hommes, doit avoir analysées et synthétisées.

Notre travail voudrait être une contribution aux études psychologiques de la collectivité; nous voudrions apporter notre effort à l'œuvre puissante qui tend, dans les sociétés actuelles, à consommer le passage de la phase d'antagonisme à la phase d'association et donner aux études nouvelles de sociologie l'apport de notre humble collaboration dans une spécialité qui, jusqu'alors, a semblé vouloir leur rester fermée.

Quand un homme a son siège fait, toute nouveauté l'inquiète; elle le scandalise même. Cela tient à ce qu'il ne se sent plus la force de recommencer sa vie. Bien rares sont ceux qui savent rester plastiques indéfiniment. Il n'y a là rien que de très naturel et même de très utile : la résistance du passé est la bienfaisante épreuve de l'avenir.

Aussi ne faut-il pas s'étonner de rencontrer l'hostilité du dilettante ou du sceptique qui se gaussent d'efforts qu'ils qualifient d'inutiles, voire de ridicules. Cela ne peut enrayer notre besoin d'activité. Nous croyons faire œuvre utile en essayant de généraliser les faits d'observation, en passant de la vie réelle au principe induit, mais aussi en nous efforçant d'illuminer ce principe par l'explication rationnelle de sa raison théorique.

Pour arriver à ces fins, nous avons fui les détails. Ceux-ci, en effet, — que l'on nous pardonne l'expression — sont toujours faux, fussent-ils vrais. Faux par la place qu'ils occupent, faux par l'importance qui leur est donnée, faux par l'isolement où ils restent.

Notre but a été l'idée générale qui s'efforce de *rattacher le monde militaire et ses nécessités au monde social* dont il n'est et ne peut être qu'une parcelle : « Pendant que le bras armé combat au dehors, la tête prudente se défend au-dedans. » (Shakespeare.)

C'est un spectacle émouvant que tout ce labeur collectif et souvent anonyme pour nos plus lointains descendants, d'où sort, d'où se dégage lentement sous nos yeux, cette grande philosophie de demain où s'abritent par avance nos esprits et nos cœurs.

Oui, l'avenir soulève nos espérances!

Avril 1903.

# INTRODUCTION

---

### Nécessité de discuter les bases du devoir militaire.

La foi, — confiance aveugle en un principe, en une idée, — source de force morale, a plus d'influence que tous les raisonnements. L'action instinctive est incontestablement de réelle et puissante valeur. La foi entraîne la vigueur de la décision; sans elle « on n'est que chair morte, esprit vacillant aux souffles de l'opinion, un bouchon sur la vague! » (*Les Tronçons du Glaive*, P. et V. Margueritte.)

Mais, quand cette foi fléchit, il est nécessaire de remplacer son influence par une autre force. A des esprits travaillés du besoin de réfléchir et d'examiner, il faut que l'instinct s'appuie sur la raison. Or, qui oserait nier que tel est aujourd'hui l'état moral de tous les esprits cultivés? On peut en gémir ou s'en féliciter, mais il faut bien admettre la situation. Force nous est de discuter et de démontrer, là même où nous voudrions nous borner à croire.

C'est dans cet esprit qu'il faut aborder l'examen du *rôle de la force morale* dans les armées contemporaines et celui des caractères que doit avoir la discipline française dans l'état actuel de notre société. L'analyse des moyens de fortifier cette discipline pour donner à la nation armée toute l'énergie morale qu'elle doit avoir, sera une conséquence logique de l'étude ainsi comprise.

# DE LA
# FORCE MORALE

## AU POINT DE VUE MILITAIRE

---

## CHAPITRE I<sup>ER</sup>

### ROLE DE LA FORCE MORALE

---

> « La guerre se fait, pour les trois
> quarts, avec des forces morales. »
> (NAPOLÉON.)

---

### SOMMAIRE

I. Force morale et force matérielle. Individualité, collectivité. — II. Priorité exclusive de l'élément moral sur l'élément matériel : Esprit et matière. — III. Eléments perturbateurs de l'action morale : instinct de conservation ; scepticisme. — IV. Recherche des bases de l'action morale : alcool, intérêt personnel, force, influence d'un seul chef, élévation de l'âme. — V. Le patriotisme, condition essentielle de la force morale du soldat. — VI. La force morale engendre la discipline, en assure le succès : exemples historiques. La force morale dans la vie.

---

### I

La guerre a sa partie matérielle et sa partie morale. Cela découle de sa définition même : une lutte entre deux partis dont chacun prétend imposer sa volonté à l'autre. A qui examine la question de près, la force morale du soldat devient le facteur nécessaire, essentiel du combat. *A la guerre, l'élément psychologique domine tout.* Mais cette prépondérance doit être interprétée correctement.

Montaigne, dans ses *Essais*, a parfaitement mis en relief cette question lorsqu'il dit : « C'est la qualité d'un portefaix, non de la vertu, d'avoir les bras et les jambes plus roides; c'est une qualité morte et corporelle que la disposition. L'estimation et le prix d'un homme consiste au cœur et en la volonté : c'est là où gît son vrai honneur. La vaillance, c'est la fermeté, non pas des jambes et des bras, mais du courage et de l'âme; elle ne consiste pas en la valeur de notre cheval, ni de nos armes, mais en la nôtre. »

Cependant, si l'on considérait la lutte de deux hommes isolés, ne disposant que de leurs propres forces physiques ou morales, on ne pourrait affirmer le succès certain de l'élément moral : l'hercule écrasera souvent son adversaire chétif. Les plus vaillants sont parfois les plus infortunés.

Mais, n'est-il pas vrai que le plus faible aura souvent la revanche dictée par l'intelligence? La fronde, l'arme de jet, triomphera de la puissance musculaire Dans la profonde révolution sociale engendrée par l'application européenne de la poudre à canon, la petite balle aux mains du fantassin, du roturier chétif a renversé le seigneur soudard, hercule endurci aux luttes, forteresse blindée et rapide sur son destrier. Le boulet, obéissant à quelques hommes à pied, a troué les fières et impénétrables murailles des châteaux, affirmant la ruine de la force brutale au profit de l'intelligence.

Plus adroit, le faible a suppléé à son infériorité musculaire par l'invention d'une arme, d'un coup, d'un piège. La fable du Lion et du Moucheron est d'application humaine dans l'art de la guerre comme dans la mêlée sociale.

Dans les luttes de masses mobiles, articulées, aux mouvements compliqués, les conditions changent absolument. Les facteurs sont divers : la nature du terrain, comme celle des armes, la valeur des troupes sont autant d'éléments nouveaux qui doivent entrer en ligne de compte. N'est-il pas vrai qu'ici encore l'avantage peut rester au plus faible si, chétif, il sait trouver le lien qui, jeté à l'hercule, paralysera son bras?

Un bataillon retranché, couvert dans un défilé, anéantira une armée. Si, dans les journées des 15 et 16 août 1870, dans les chemins creux et boisés de la vallée du Rupt de Mad, quelques bataillons s'étaient échelonnés le long des sentiers en pentes qui aboutissent par Gorze, Waville, Chambley au champ de bataille de Mars-la-Tour, démontant et enchevêtrant la cavalerie, l'artillerie, nul doute qu'il eût pu se produire une confusion qui aurait compromis grandement le succès de l'assaillant, non par le nombre des unités mises hors de combat, mais par l'effet du désordre, de la démoralisation produits. Les preuves abondent que le petit nombre en masse, avec le courage, la force morale comme facteur, peut lutter victorieusement contre le plus grand nombre en masse.

Dans les conflits des groupes humains, le nombre a une influence qu'on ne peut nier. La force physique et la force morale ont toutes deux leur place dans l'économie de la création : c'est une question de proportion dans les parties. Les éléments du combat appartiennent à un tout qui exige une certaine harmonie. Si on se laisse entraîner par le mirage du nombre, on rompt l'équilibre qui fait la force de l'ensemble; on sacrifie, sans le moindre profit, la qualité à la quantité.


## II


La question du rôle de la force morale dans le combat est une forme des *rapports* de l'âme et du corps, de *l'esprit et de la matière*. Le corps, aux forces démesurément centuplées par les auxiliaires que les inventions de l'esprit ont apportés aux forces naturelles; — le corps, doté d'armes prodigieuses qui prolongent la force de jet ou augmentent l'effet de la force musculaire initiale par des engins de toute nature : massue, poudre, fusil, canon, sabre, lance, etc; — le corps, complété par des verres qui amplifient la puissance de son œil, lunettes, microscopes, etc.; — le corps, servi par des pieds plus vites que ceux d'Achille : chevaux, trains à vapeur ou électriques, aviation en herbe, inventions brutales des vélocipèdes, des automobiles; — le corps ainsi fortifié, blindé de cuirasses, de murs, de bétonnages, rayonnant par sa mousqueterie, son artillerie sur une zone immense, n'est que le stupide vassal, l'humble esclave de l'intelligence qui met à son service, par le moyen de la matière aveugle, des instruments d'investigation, de découverte, de défense.

Quel que soit le point de vue sous lequel on envisage les relations entre l'esprit et la matière, on en arrive toujours à la même conclusion : c'est l'ange et bête de Pascal, mais aussi la *priorité exclusive de l'esprit sur le corps*.

Or, si le corps est un instrument aveugle, si le seul facteur c'est l'âme, c'est à développer l'influence du vrai principe d'action que doit tendre toute éducation (1). Si des instincts perturbateurs viennent lutter contre ce principe de vie morale, ils détruisent, dans une certaine proportion, l'effet de son commandement et forcent la masse aveugle à la désertion du devoir. C'est à annihiler ces facteurs de trahison du domaine moral que doivent tendre tous les efforts de l'organisation sociale.

## III

Au premier rang des éléments perturbateurs de l'action morale, il faut placer l'*instinct de conservation*, ce grand ennemi du soldat, ce facteur qui « fait crier la bête au cœur de l'homme », qui engendre la couardise, la lâcheté, par la dépression qu'il occasionne ou qui, surexcitant les tempéraments, leur fait perdre tout sang-froid. En second lieu, il faudra étudier le *scepticisme* qui retient dans l'indifférence les natures d'élite, ce qui lui donne une influence particulièrement contagieuse.

« L'homme, dans le combat, est un être chez lequel L'INSTINCT DE CONSERVATION domine à certains moments tous les sentiments. » (Ardant du Picq.) C'est que, sur le champ de bataille, la mort est dans l'air, invisible et aveugle, avec des souffles puissants qui font courber la tête. Devant cette épouvante, le soldat, s'il est novice,

---

(1) Il n'est point utile de faire observer que nous répudions énergiquement les théories du moyen âge qui, pour établir la victoire de l'âme, émaciaient le corps, geôle où gémissait l'esprit, affamé de la céleste patrie. Si nous demandons le développement de l'élément moral, nous ne l'isolons point de la vigueur physique que nous désirons aussi grande que possible. Nous disons avec J.-J. Rousseau : Plus le corps est faible, plus il commande ; plus il est fort, plus il obéit.

se groupe, se serre et cherche un appui par un raisonne-
ment instinctif que, d'ailleurs, il ne formule pas. Il se
figure que plus nombreux on est à courir un dangereux
hasard, plus grande est pour chacun la chance d'y
échapper. Mais il ne tarde pas à s'apercevoir que la
chair attire le plomb. Alors, comme il n'est capable que
d'une quantité donnée de terreur, forcément, invinci-
blement, il échappe à l'émotion soit en ouvrant le feu à
de grandes distances, soit en se sauvant vers l'ennemi.
Quoi d'ailleurs de plus logique? En marchant à l'adversaire, il compte l'anéantir, le tuer et supprimer par là la
menace. La suppression de la cause amène la dispari-
tion de l'effet.

Le sentiment du danger se manifeste sous deux formes bien différentes : la *dépression*, *l'excitation*.

Le plus grand nombre subit d'abord la dépression.
Elle tend à annihiler la pensée, à paralyser les facultés
et à faire de l'homme apeuré un être inconscient, exécu-
tant automatiquement les mouvements dont il a pris l'habitude, n'agissant que sous l'impulsion de l'énergie des
cadres et par l'entraînement des natures plus viriles que
le danger aiguillonne.

Ces dernières sont moins nombreuses, bien que plus
considérables cependant dans l'armée française que
dans la plupart des autres. Par suite de leur surexcita-
tion même qui les pousse à fondre sur l'adversaire, comme le taureau sur l'obstacle, ces caractères perdent le
sang-froid nécessaire à une action réfléchie.

Très rares sont les natures d'élite qui se soustraient
à ces impressions, ou, les dominant, conservent au mi-
lieu des émotions de la lutte la plénitude des facultés
nécessaires soit pour observer avec justesse, concevoir
avec calme et diriger avec entrain, dans l'exercice du
commandement, soit pour agir avec réflexion, si elles
n'ont qu'à obéir.

Aussi est-il permis de dire, avant d'entrer dans d'autres développements, qu'on ne saurait trop surexciter l'action des moyens qui, en pénétrant les esprits, élèvent les cœurs, raffermissent les volontés et servent puissamment à surmonter l'épouvante ou à endiguer l'élan irréfléchi.

Le SCEPTICISME serait à coup sûr l'élément de faiblesse le plus dangereux, s'il avait de nombreux adeptes. Les progrès de la civilisation ont, à côté de mille splendides résultats, cet inconvénient d'en favoriser le développement. L'idée du sacrifice se retire des âmes ou n'est plus que l'objet d'une admiration de dilettante. Un individualisme outrancier tend à s'implanter dans les mœurs, au moment même où plus que jamais les théoriciens célèbrent, à grands renforts de périphrases, l'altruisme et la solidarité.

Il faut faire aussi la part d'influence des théories humanitaires qui condamnent la guerre, et qui, rêvant d'une fédération, européenne d'abord, universelle ensuite, cherchent à refouler à jamais les conflits de forces brutales. La France, d'après ces théories, serait maintenant à l'Europe ce que la France-Comté ou la Lorraine étaient à la France, il y a quelque trois cents ans. On s'est battu autrefois entre Français et Lorrains ou Francs-Comtois. Actuellement, on se bat entre Français et Anglais ou Allemands : les zones s'élargissent. Evidemment, il y a là matière à belles rêveries. Mais sera-ce jamais autre chose que des rêveries? Pour l'instant, du moins, il ne nous est guère possible de nous y arrêter. L'humanité avec ses différences de pays et de races, d'époques et d'institutions, c'est quelque chose de bien énorme et de bien hétérogène, de bien amorphe et de bien disparate, qui déconcerte singulièrement nos esprits et nos cœurs avides d'accords précis et d'amours à bon escient

Malheur à la nation qui douterait de tout, qui n'aurait plus d'idéal, plus d'enthousiasme, plus d'espérance. Elle irait tout droit à l'abîme ou glisserait sur la pente fatale de la décadence. Or, ayons le courage de le voir et de le dire : le poison subtil ne s'est-il pas infiltré dans l'âme de la nation française? Notre pays ne serait-il pas un guerrier découragé sous son armure? Pourquoi cet abattement moral? Pourquoi ce découragement secret, cette détresse profonde, cet intime désespoir? L'outillage militaire n'est rien sans l'outillage moral. Qu'importe une bonne épée si le bras qui la manie languit, si le cœur qui anime le bras défaille! Que peut l'armée française si l'âme française ne se ranime et ne s'élance? L'histoire est implacable aux peuples découragés. La vraie défense nationale, c'est une force morale nouvelle!

Nous n'avons que faire, dans notre France aux nobles sentiments, de ces jeunes gens sans enthousiasme pour les sublimes idées de liberté et d'humanité. Pour eux, la vie est effort et l'effort est douleur: il y a là un péril national. Ils ne sentent pas, — les malheureux! — qu'agir, qui est une douleur pour les malades ou les faibles, est une joie pour les sains et les forts, à tel point qu'à une force supérieure, il faut une activité exceptionnelle et à une force surhumaine, une activité héroïque. On ne peut le dire trop haut, pour être vraiment homme, il faut avoir l'amour du devoir, l'amour du sacrifice, l'amour du pays, cet amour actif qui va jusqu'au mépris de la mort et qui fut la gloire de nos pères!

Le scepticisme fut peut-être une des causes principales de nos défaites en 1870. Dans la société de la fin du second Empire, tout était vanité. L'amour excessif de l'or, un luxe scandaleux, l'absence de respect et de croyance, la perte de l'esprit militaire ont amené la dé-

cadence de la France, sous des apparences de prospérité
et de progrès.

On se précipitait avec ardeur vers les jouissances matérielles. Chacun proclamait des droits plus que douteux,
mais nul ne se souvenait des impérieux devoirs envers
le pays.

Le scepticisme avait gangrené l'armée elle-même qui,
destinée à l'action, semble être le dernier foyer où il
peut vivre (1). Des succès réels, quoique exagérés démesurément, avaient cr  dans la nation un état d'âme
tel, que la confiance des masses ne put être ébranlée par
le pénible échec de la honteuse aventure du Mexique.

Pour donner à l'armée de 1870 quelque valeur, il eût
fallu la purger de ce sang vicié que l'Empire lui avait
infusé, la soustraire à l'influence d'une éducation faus-
sée, refaire une âme d'homme libre, — non pas précisé-
ment à ses soldats ni à ses chefs subalternes, braves cons-
ciences non contaminées par l'existence facile, croyant
au devoir et le pratiquant, — mais à presque toute l'élite
militaire. Il est triste de le constater. Ce serait un crime
social de le cacher : il faut dénoncer bien haut le scepticisme qui nous menace et conserver la virilité et l'enthousiasme à l'armée de la troisième République.


# IV


Les ennemis de la force morale, que nous venons
d'analyser, ont évidemment leur base dans l'égoïsme.
C'est pourquoi ils sont les adversaires des éléments de
liaison, d'unification qui sont nécessaires pour faire de
l'armée un tout compact. Où trouver ces éléments ca-

---

(1) Consulter, à titre de document : De Freycinet, *La guerre
en province* (particulièrement la conclusion).

pables d'assurer le champ libre à l'influence de la force morale ?

Souvent on a cherché à détruire la crainte de la mort au feu en *grisant la troupe par l'alcool*. Procédé qui a pu produire des résultats passagers, mais dont la valeur est évidemment très relative, nulle d'ailleurs, au point de vue où nous nous plaçons : loin de grandir l'homme, il en fait une brute. La dépression fatale, alors que l'on aurait impérieusement besoin de l'énergie des hommes, la dépression se produit lamentable; elle empêche la poursuite ou transforme la retraite en débâcle. On n'a plus, pendant quelques jours, les troupes en main : l'alcool, combinant ses effets à l'ivresse du danger, soustrait les unités à l'action du commandement et pousse aux plus regrettables excès.

Ferons-nous appel à la crainte des punitions, à l'appât des récompenses, à *l'intérêt personnel* ? Chacun a son intérêt qui l'attire et le captive. L'intérêt est une force incoercible. Vous lui parlez d'ordres supérieurs? Il les traversera. Vous lui tracez une limite? Au grand jour ou dans l'ombre, en action ou en pensée, cent fois, mille fois, il la violera. Multipliez entraves et liens, promesses et récompenses : il les brisera ou s'en moquera. Peut-on en douter? Le spectacle du monde est-il autre chose que le conflit des passions, la frénésie des rivalités, l'anarchie des égoïsmes, le sanglant chaos des intérêts? D'ailleurs, le plus puissant intérêt n'est-il pas la conservation de la vie?

La *force* elle-même, la discipline brutale, matérielle ne peut dominer l'homme qui se refuse à la subir; car enfin, où en placer le pivot, si le nombre lui-même la repousse!

Sera-ce *l'influence d'un seul chef* qui assurera la cohésion de son armée? Elément de force incontestable.
Mais les conditions actuelles de la guerre, les masses
de plus en plus formidables que ce chef aura à manier,
les procédés nouveaux qu'il devra utiliser, ne permet-
tront guère au grand chef d'agir sur ses inférieurs
comme Napoléon pouvait le faire.

Encore est-il juste de remarquer que l'armée du premier Empire, même à ses heures de gloire, n'a jamais
été une armée de prétoriens. Même dans la Grande
Armée, il n'y avait pas que d'inlassables sabreurs. Beaucoup, ayant plus d'élan que d'haleine, soupiraient après
le travail pacifique, le calme de la vie tranquille, aspi-
raient à revoir le foyer, le pays et le laissaient clairement
entendre. L'armée a toujours compris que derrière tout
homme, si grand, si extraordinaire qu'il fût, quelque
chose de plus grand encore subsistait et qu'il y avait
la France. Elle ne s'est jamais réellement isolée de la
nation. Si elle a suivi Napoléon jusqu'au bout de ses
plus funestes comme de ses plus brillantes entreprises,
jusqu'au bout de sa carrière de gloire et de perdition,
elle l'a suivi de concert et d'accord avec la nation.

Il n'est pas inutile de constater d'ailleurs que cet
enthousiasme pour un homme est peut-être plus appa-
rent que réel. Pour le peuple, Napoléon représentait la
Révolution; il était l'homme qui avait humilié les rois.
Il avait écrasé, avili les autocrates dont l'influence ré-
trograde tendait à éteindre en Europe les brillantes
lumières de la révolution sociale et qui représentaient,
sous une apparence concrète, la haine de la liberté.
Aussi tous les paysans de France étaient-ils ses meilleurs soutiens, car ils le considéraient comme le plus sûr
rempart contre un retour des droits féodaux et de l'ancien régime. La force de Napoléon est donc, à sa base,

faite d'un puissant élément moral : le dévouement aux immortels principes de 1789.

On ne peut plus promettre aux hommes qui marchent à la mort, le regard du chef qui a pu exalter le courage de leurs aînés. Le poète aura-t-il encore l'occasion de décrire comment les soldats, tels ceux de Waterloo,

> Comprenant qu'ils allaient mourir dans cette fête,
> Saluèrent leur dieu, debout dans la tempête!

Et pourtant il faudra que les soldats d'aujourd'hui trouvent dans leur cœur les moyens de faire leur devoir dans la main de leurs chefs subalternes, leurs camarades, leurs égaux peut-être en force morale, leurs supérieurs seulement en entraînement technique. Où donc trouver le stimulant nécessaire?

Il est de vérité historique que la masse ignorante et abêtie, livrée aux superstitions, est la plus sujette à la panique et aux faiblesses de caractère. Pour excuser ses fautes, elle crie à la trahison. Montaigne l'a dit depuis longtemps : la lâcheté est le privilège des âmes basses et cupides.

Quel est, au contraire, l'homme qui a le plus le mépris de la mort? C'est celui qui a l'esp... libre dans le danger, qui a l'âme sereine parce qu'il puise dans sa conscience, non seulement le calme nécessaire pour combattre avec l'indifférence brutale de la machine, mais surtout la force pour mourir comme un héros. Est-il besoin de citer les noms des grands esprits, des puissants penseurs, des sages et des savants qui ont accepté la mort avec stoïcisme? Socrate, les martyrs de toutes les religions, et plus près de nous, les Girondins, nous ont appris à mourir. Ils en ont puisé la force dans l'élévation de leur âme vers les régions sereines où domine l'Idée. Tous ces grands esprits nous enseignent à quel

sentiments il faut faire appel pour dominer l'instinct
de conservation

C'est une *force morale complète*, faite, soit du mépris
de la douleur et de la mort : stoïcisme, — soit du désir
de trouver un monde meilleur : martyrologe religieux;
— soit de l'excitation pour le désir de servir son pays,
de le libérer, de le soustraire à la tyrannie politique ou
étrangère : martyrologe politique, social, héroïsme ré-
publicain, etc. On pourrait sans doute citer d'autres
formes : toutes ont pour pivot le sacrifice des instincts
de conservation, égoïstes, aux forces de désintéressement
qui placent la liberté, la vérité au-dessus de la vie personnelle déclarée insignifiante, rapetissée.

# V

La force morale, « la première de toutes », suivant
l'expression de Bugeaud, c'est donc, si on la considère
dans sa source la plus haute, la foi en une idée, l'atta-
chement à une cause que l'on croit juste et grande.
Cette cause sera, pour les armées futures, celle de la
patrie en danger. *Le patriotisme est la condition essentielle de la force morale du soldat* (1). « Soyons affolés
de patriotisme. » (Louis Blanc.)

(1) Des historiens virils, des philosophes sociaux, des romanciers
optimistes se sont appliqués à entretenir parmi nous le culte de
la patrie. Nous appuyant sur l'autorité de leurs travaux, nous
voudrions faire ressortir que dans l'idée de patrie, ils voient
moins une question territoriale qu'une question sociale. En s'en
tenant à la patrie territoriale, matérielle et interne, on risque de
ne former que des chauvins, on glisse vite à l'estime excessive de
son propre pays, au dédain, au non-respect des autres. Rien de
plus injuste, de plus dangereux : c'est le plus sûr chemin des
catastrophes. La patrie est avant tout morale; c'est une *association* dans l'espace et dans le temps, association loyale, vaillante,
faite de solidarité et de justice. C'est la *synergie intérieure* qui
donne la *force extérieure*.

Rattaché au devoir envers la cité française comme à son principe, le devoir militaire, qui se résume toujours dans la discipline, devient un devoir dans toute la force du terme, une obligation morale absolue engageant la conscience et non plus seulement une contrainte imposée par l'autorité ou par les circonstances. Reposant à la fois sur la morale et sur la nature, il a pour auxiliaires ce qu'il y a de plus pur et de plus puissant dans le cœur humain.

Si on voulait analyser sur des faits l'influence du patriotisme sur le devoir militaire, il faudrait se reporter aux armées de la première République. Jamais armées ne présentèrent une image plus noble, plus fière, plus vraie de la France, marchant à la libération du monde. Ces armées sont l'incarnation de l'unité nationale. Cette pure génération militaire obéit d'enthousiasme et donne avec allégresse sa vie à une chose que personnifie la Révolution et ses idées de liberté et de fraternité. Héros pauvres et bons, au grand cœur, à l'âme naïve, qui ne comptaient dans les armées que pour un chiffre, mais qui ont laissé dans les pays où ils ont combattu le souvenir de leur nom de peuple : un Français !

## VI

Certainement, la discipline des armées futures ne peut avoir de meilleurs éléments que celle de ces armées de la Convention, fortes surtout de leur soumission parfaite aux exigences du devoir et de leur élan enthousiaste pour le bonheur de l'humanité. Leur force morale a engendré une discipline puissante et efficace. « Jamais les armées n'ont été plus obéissantes, ni animées de plus d'ardeur. » (Soult.)

C'est que jamais elles n'ont eu plus d'unité : chefs et

soldats fraternisaient loyalement dans la même idée; ils avaient le même sang, la même origine. La discipline dès lors, toute morale, nullement matérielle, était inspirée du plus ardent amour de la patrie menacée.

L'histoire des peuples nous donne maints exemples de la force morale engendrant la discipline. C'est la raison du triomphe des Grecs sur les Perses, des Romains sur les Carthaginois mêmes. C'est la cause des échecs des Gaulois, vaillants, mais désunis. C'est l'élément contre lequel se heurte Louis XIV dans sa lutte contre les Hollandais, celui qui a fait la force des Boers dans leur résistance héroïque pour la liberté. Partout, de petites troupes vaillantes et riches de valeur morale tiennent en échec les armées disciplinées par la force matérielle et que n'anime pas une idée sublime.

D'ordre moral également les éléments qui amenèrent la chute de Napoléon. Ce puissant génie qui, dans ses débuts, sut si bien entraîner ses hommes et les attacher à sa fortune, fut perdu le jour où il abandonna les ressorts puissants qui ont leur pivot dans l'âme humaine. N'ayant plus que des moyens matériels inférieurs à ceux de son adversaire instruit à son école, il fut vaincu. La désagrégation morale de l'armée fut le prélude de la défaite (1).

Après Waterloo, Napoléon ne pouvait plus comprendre que l'unique moyen de salut était de redevenir ce qu'il avait été au commencement de sa carrière : la Révolution incarnée. C'est qu'au fond, Napoléon a trop dédaigné, dans son profond orgueil, la puissance de l'élément moral; peut-être n'a-t-il jamais compris complètement son principe même. Il n'a pas saisi que son mépris des hommes et des peuples, de leurs souvenirs

(1) Voir, à titre de document : H. Houssaye, *1815* (chap. 1er).

comme de leurs traditions, serait la cause première de
son effondrement. Dès lors il perd l'équilibre de son
jugement et devient le fléau de son pays et de toutes
les nations. Sans donner une pensée à cet ouragan de
haines inextinguibles, de ressentiments, de vengeances
qui bouillonne et frémit au-dessous de lui, il prépare
sa propre ruine en traitant les hommes comme les pions
d'un échiquier, sans s'inquiéter en aucune manière de
leurs sentiments, de leur caractère, en un mot, en fai-
sant abstraction de la nature humaine. Seule, la peur
impose à la haine de ses alliés d'un jour, nations frap-
pées et meurtries dans leur fierté et leur dignité, vio-
lentées dans leurs sentiments. Ayant compté sans le
réveil des peuples, Napoléon succombe dans une lutte
inégale.

Remarquons, en effet, ce que peut le désir de soustraire son pays à la tyrannie étrangère : tant que les
souverains coalisés ont combattu la nation française,
ils ont été vaincus. Mais dès que les peuples, las de
l'oppression napoléonienne, combattent un homme, l'axe
de la supériorité morale se déplace et passe du côté des
alliés. Le fait se passe de commentaires : nous le cons-
tatons sans chercher autrement à en tirer des consé-
quences.

Dans les triomphes des Allemands en 1870, n'est-ce
pas le désir de libérer leur histoire des outrages infligés
par les armées françaises, n'est-ce pas cette force morale
plus que la force matérielle qui a aiguillonné la nation
sous l'empire du souvenir des affronts faits par nos ancê-
tres à la fierté allemande? Elle a engendré un entraînement particulier, une discipline violente peut-être, mais
efficace. Les chefs — c'est surtout chez eux qu'il faut
chercher le caractère moral de la force de l'armée prus-

sienne, — les chefs, par cette discipline vigoureuse, su-
bie et acceptée comme une condition du succès final
auquel quatre générations successives s'étaient préparées, voulaient, plus que leurs hommes encore, se montrer dignes du nom allemand, dignes surtout de leur
mission. On a cherché longtemps, en France, des causes
matérielles aux succès prodigieux des armées prussien-
nes : la vraie raison est d'ordre moral.

Des exemples historiques rapportés, comme des quelques observations qui précèdent, il résulte en toute évi-
dence que *la force morale est le principal facteur du
succès*. Au combat, le nombre, fait d'une réunion de
corps, d'un assemblage plus ou moins puissant de matériel, joue un rôle nettement subordonné. Il est im-
puissant en face d'une coalition faite de volonté, de bravoure, de sang-froid, d'audace, d'énergie, d'intelligence,
en un mot, de valeur morale. A Auerstœdt, à Dresde,
à Inkermann, nous avons lutté victorieusement dans la
proportion de un contre deux.

La force pure et simple peut donner des succès immé-
diats; mais le dernier mot reste à ceux qui savent pourquoi ils se battent et qui, soutenus par l'idée du devoir
militaire, refusent de s'avouer vaincus. « La troupe qui
ne veut pas abandonner le terrain où l'on se bat sera
finalement considérée comme victorieuse, eût-elle subi
les pertes les plus considérables. » (Von der Goltz.)
P. et V. Margueritte généralisent la même idée lorsqu'ils écrivent : « Ce dont une nation meurt, ce n'est
pas du sang versé, de la ruine matérielle, c'est de l'abais-
sement moral. La seule vraie défaite irrémédiable n'est
pas celle qu'on subit, c'est celle qu'on accepte. » (*Tronçons du Glaive.*)

Le renoncement à la lutte est impossible à ceux qui se
sentent responsables envers leur pays et qui compren-

nent que s'abandonner eux-mêmes, ce serait le vouer à la mort : la prescription n'atteint jamais les obligations imposées par le devoir.

Il ne rentre pas dans le cadre de cette étude de montrer combien l'influence de la force morale est grande dans toutes les circonstances de la vie. L'énergie et la persévérance sont aussi nécessaires dans la vie civile que sur le champ de bataille. Il est devenu d'ailleurs presque impossible d'être un bon soldat si l'on n'est pas un homme de devoir, un homme de cœur : le devoir militaire, en effet, est-il autre chose qu'une forme passagère du devoir civique? Il fait partie du devoir, dans le sens absolu et universel du mot. « Le soldat doit remplir son devoir de soldat par cela seul qu'il est homme. » (Boutroux.)

# CHAPITRE II

## CARACTÈRES DE LA DISCIPLINE EN FRANCE

---

La discipline, en France, ne peut
être efficace que si elle est à base de
respect, de justice, de solidarité.

---

## SOMMAIRE

---

### 1

L'application des lois de la discipline militaire doit
varier, dans l'ensemble, avec l'esprit des peuples pour
lesquels elles sont faites et, dans le détail, avec les caractères dissemblables des hommes, comme aussi l'état physique et moral dans lequel la troupe se trouve.

*La vraie discipline est fondée sur la parfaite connais-
sance de l'âme humaine.* Tout conducteur d'hommes doit
être un éducateur, partant un observateur et un psycho-
logue. La discipline n'est, en effet, qu'une question de
rapport entre un but donné à atteindre et les éléments
dont on dispose. Aussi, traiter tel homme comme tel au-

tre est ignorance ou paresse de la part de l'autorité :
c'est pourquoi nous disons que la base de toute discipline
est dans l'étude du caractère de l'homme en général et
des hommes en particulier. De là également la nécessité
de déterminer les principes sur lesquels doit s'appuyer la
discipline française.

## II

Toute discipline, dans l'armée, doit tendre, en premier
lieu, à assurer la force de l'*esprit militaire*. Qu'entend-
on par cette formule ?

L'esprit militaire est l'expression d'un *certain ensemble de devoirs et de droits*. On ne peut dire qu'il y ait
une certaine équivalence ; il n'y a pas d'égalité possible
entre les uns et les autres, mais il y a une relation qui
est fonction du temps et des mœurs. Dans cette relation,
ce sont presque uniquement les droits qui sont suscepti-
bles de varier. Les devoirs ont un caractère plus absolu
parce qu'ils tiennent aux exigences presque immuables
de la guerre. Le courage, le dévouement, le sacrifice, la
discipline sont connexes à l'idée de guerre et constituent,
dans toutes les armées et dans tous les temps, des devoirs
militaires.

Les droits ne se présentent pas d'une façon aussi précise et aussi invariable ; mais ils sont conçus partout et
toujours dans la pensée d'attacher une garantie, voire
une récompense, à l'exécution des devoirs. L'effort de
toutes les organisations militaires est de rendre le plus
possible ces garanties efficaces, ces récompenses envia-
bles, de les attribuer au service et au mérite et de les
mettre sous la sauvegarde de lois stables : celles-ci auront toute leur force si l'esprit public accepte d'enthousiasme la discipline morale que la raison lui impose au
même titre que ses intérêts les plus précieux.

Chaque citoyen a des droits. Lorsque le pays lui demande ses services, il les lui maintient. Il lui demande la volonté d'accomplir fidèlement ses devoirs militaires, mais il lui assure la *garantie du respect de sa dignité personnelle*. A ce droit du subordonné correspond un devoir du chef : le respect de l'homme. La personne humaine est sacrée, quelle que soit sa situation, sa condition sociale et tant qu'elle reste consciente et digne d'elle-même. Quand elle n'est plus respectable, il faut la plaindre, s'efforcer de la réhabiliter, non l'outrager.

Le maréchal de Belle-Isle, dans ses conseils à son fils, définit ainsi le respect dû aux subordonnés : « Je vous dirai de n'employer jamais avec vos soldats des expressions dures, des épithètes flétrissantes, et de ne jamais proférer en leur présence des mots ignobles ou bas... N'oubliez jamais que les officiers de votre régiment sont hommes, Français, vos égaux. »

Le maréchal Marmont écrit avec beaucoup de vérité : « Tout ce qui dégrade le soldat et le flétrit diminue la valeur de l'homme, comme tout ce qui le grandit à ses yeux ajoute à ses facultés. »

On ne trouvera nulle part un modèle plus précieux que la vie de Drouot. Sa manière d'agir est résumée dans une lettre qu'un de ses anciens artilleurs lui écrivait en 1834 : « Je n'ai jamais trouvé un colonel qui sût comme vous parler à un soldat; vous étiez sévère, j'en conviens, mais juste; jamais un mot plus haut que l'autre; jamais de juremets, jamais de colère; enfin, vous parliez à un soldat comme s'il eût été votre égal. Il y a des officiers qui parlent aux soldats comme s'ils étaient les égaux des soldats, mais cela ne vaut rien du tout, selon moi. »

Tout· la discipline française tient dans ces quelques li-
gu· ·

## IV

Il ne rentre pas dans le plan de cette étude d'examiner
et d'approfondir si les cadres de notre armée sont bien
imprégnés de ce sincère respect de la dignité personnelle
de leurs subordonnés. Toutefois, il peut être permis de
regretter qu'un trop grand nombre de gradés subalternes
se présentent encore dans un état tel qu'ils paralysent la
plupart des efforts des officiers. D'un côté, on trouve des
gradés qui n'ont pas le temps indispensable pour établir
et développer leurs aptitudes ; de l'autre, des gradés qui
échappent à un renouvellement incessant, mais qui, trop
facilement acceptés, ont des aptitudes éducatrices déplo-
rables. Des deux parts, il y a insuffisance et celle du
deuxième cas est évidemment la plus grave. Les cadres
inférieurs sont, trop souvent à coup sûr, au-dessous de
leur tâche et ne peuvent, dans des conditions désirables,
distribuer l'instruction et l'éducation militaires qu'ils
sont appelés à donner.

Sans doute, il appartient aux jeunes gens de bonne
société de faciliter la tâche des gradés par l'exemple de
leur subordination et de leur respect de la règle. Plus
ils sont socialement supérieurs par leur instruction et
leur éducation, plus il est de leur devoir de se plier à
l'autorité, quelque humble que soit son représentant.

Mais ce serait ne pas connaître l'homme, ni surtout le
Français, que d'ignorer l'importance de tous les froisse-
ments d'amour-propre qu'occasionne la rudesse mala-
droite des cadres inférieurs. Ils suffisent trop souvent à
aigrir un homme entré au service animé des meilleures
intentions.

Aussi, le grand soin de l'officier doit-il être de pondérer l'action des gradés subalternes, de la maintenir dans un esprit de justice égale envers tous, de réprimer tout parti pris, toute humeur mauvaise conseillère : c'est là un rôle de tous les instants qui peut être fécond en excellents résultats, parce qu'il assurera l'entente entre le commandement et les subordonnés, par suite, la cohésion des efforts indispensables au succès.

Or, qu'est-ce que la discipline, sinon ce sentiment profond qu'a chaque soldat, chaque officier, qu'il n'est qu'une infime partie d'un vaste organisme où tout se tient, où chacun doit rester à la place qui lui a été assignée et obéir les yeux fermés à tout ce qui lui est ordonné sans avoir le droit de discuter et de résister ?

## V

La *discipline militaire*, en effet, n'est pas autre chose que *l'ensemble de toutes les habitudes morales, mentales et physiques* pour qu'officiers et soldats, à tous les degrés de la hiérarchie, répondent au but de leur institution. Dans un sens étroit, consacré cependant par l'usage, l'idée de discipline se rapporte principalement aux habitudes morales, à ce qu'on est convenu d'appeler l'éducation de l'officier et du soldat. Elle est faite d'habitudes d'obéissance voulue, de soumission acceptée, d'endurance, d'exécution intelligente, prompte et précise. Elle repose sur la connaissance que chacun a de ses obligations et sur une disposition intime à les accomplir honnêtement, coûte que coûte, jusqu'à la mort s'il le faut, et dans toutes les situations, c'est-à-dire loin du chef, aussi bien que sous ses yeux. La discipline ainsi comprise, c'est l'homme même s'employant tout entier, avec zèle et amour, à la réalisation de l'ordre reçu comportant une tâche à accomplir. L'obéissance n'est plus passive, mais au contraire active et spontanée, parce que la raison et le sentiment la présentent comme un devoir.

La discipline qui a pour base l'obéissance raisonnée présente de grandes garanties de solidité; mais elle est bien plus forte encore si elle prend, en outre, ses racines dans le cœur de l'homme. L'obéissance sans le *dévouement* n'aurait pas de dignité; elle serait, de plus, incertaine et inefficace. Car où puiser la constance, l'abnégation, la volonté indomptable de réussir qui caractérisent l'obéissance véritable, si ce n'est dans la force invincible par excellence, dans l'amour? Ce ne sont pas seulement les grandes pensées, mais aussi les grandes actions qui viennent du cœur.

## VI

La discipline française est faite de la *confiance* de tous en chacun et de chacun en tous; elle prend racine dans les relations sympathiques entre les membres de l'armée.

La confiance est fondée sur la connaissance raisonnée des hommes et des choses : « Sans ce lien intime, on ne peut compter sur rien. » (Marmont.) Cette confiance n'est pas un sentiment irréfléchi, une foi aveugle : elle produira donc des effets d'autant plus grands que les soldats seront plus intelligents.

La raison en est simple. L'homme qui expose sa vie a besoin de pouvoir compter sur l'appui de ceux qui combattent avec lui et à côté de lui. Il se résigne facilement au sacrifice que lui impose le devoir militaire s'il entrevoit la probabilité d'une victoire et la chance de se tirer d'affaire. Une troupe, quelle qu'elle soit, est une masse douée d'une intelligence ; elle sait d'instinct si celui qui la commande possède du *fluide impératif*. Il y a là un mystère du cœur humain digne des méditations du philosophe. Si elle se sent dans des mains habiles, sous une direction ferme, elle marche sans arrière-pensée où l'on veut la conduire ; on peut tout obtenir d'elle. Mais si elle sent de l'hésitation chez ceux qui la mènent, si l'expérience lui démontre leur faiblesse, alors elle ne regarde plus en face d'elle ; elle cherche à droite et à gauche, quelquefois même en arrière, le moyen de s'échapper.

Qu'on se reporte aux armées d'Austerlitz et l'on pourra juger de l'influence de la confiance poussée jusqu'à l'aveuglement. Napoléon n'avait pas craint, pour obtenir ce résultat, de s'adresser à tous et de divulguer ses projets : « Pendant que les Russes marcheront pour tourner ma droite, ils me présenteront le flanc. » Cette confiance du chef, exposant ainsi publiquement son plan ne triplait-elle pas la confiance de ceux qui étaient chargés de l'exécuter ?

Si, étudiant la vie de Turenne, qui peut être cité comme le général à l'égard duquel la confiance du soldat fut portée au plus haut degré, l'on recherche les qualités du chef qui font naître cette confiance, on trouve une énergique résolution, une grande sûreté de coup d'œil, la promptitude de la décision, mais surtout une sollicitude éclairée pour les besoins du soldat, une bonté aimable et communicative.

## VII

L'expérience montre que la seule discipline dont notre race accepte les lisières, est celle dont la base est faite des *rapports amicaux* qui naissent entre les hommes et leurs chefs par l'effet d'une connaissance prolongée, par des dangers, des fatigues, des privations supportés en commun. « Un échange de services rendus, une aide réciproque doublent, décuplent la force et la sécurité de chacun. » (Marmont.)

Le caractère français répugne à une sévérité draconienne, aux efforts constamment tendus, au rigorisme sans indulgence. Les relations sympathiques qui s'établissent entre l'officier et le soldat, voilà le moyen le plus efficace pour stimuler le moral de la troupe et assurer la forte discipline qui prépare aux rudes épreuves de la guerre (1).

Il faut traiter avec dédain la *morgue hautaine* de bon nombre de sabreurs du second Empire : c'est l'intérêt du pays qui le demande. D'accord avec le règlement militaire, il prescrit au chef d'aimer ses soldats, de s'occuper de leur conservation, de leurs intérêts, de leur bien-être, comme un père de famille.

Le soldat, le soldat français surtout, n'est pas une machine qui doit fonctionner dès qu'elle est alimentée de combustible. Dans l'être humain, le moteur est l'âme. Si elle n'entre pas en mouvement, il y aura grippement : une goutte d'affection dans les cœurs et les rouages si compliqués s'embrayent, toutes les difficultés s'aplanissent.

## VIII

La discipline se développe non seulement par les soins que l'on prend du soldat, mais surtout par l'équité, la

---

(1) « J'ai eu souvent à me repentir de trop de rudesse ; de la douceur, jamais ; une bonne parole, un regard bienveillant commandent l'obéissance et l'amour. » (Rodolphe de Habsbourg.)

*justice*, la droiture et l'honnêteté dans les rapports que l'on a avec lui.

Le soldat français, en effet, a moins besoin de liberté que de cette justice qui est égale pour tous et qui ne laisse pencher la balance que pour le vrai mérite. Que le soldat souffre comme ses camarades, il ne se plaint pas; qu'il soit un peu moins heureux qu'eux dans le bonheur, il crie à l'injustice.

La justice, si sévère soit-elle, n'a jamais inspiré la révolte; l'injustice, même légère, suffit à fomenter les rancunes et les haines. Le jour où, dans l'armée, on comprendra l'importance de cet esprit de justice, qui doit présider à tous les actes de l'autorité, l'armée ne sera plus considérée avec l'effroi qu'inspire une chiourme. La certitude de la justice entraînera le respect du principe d'autorité : elle sera devenue une école de discipline, de dévouement, d'adresse et de courage, mais encore et surtout une école de justice pour tous.

Celui qui a vécu avec la troupe, qui a pu surprendre sur le vif les vibrations de l'âme du soldat français, digne descendant des preux et des chevaliers, sait qu'il souffre autant, davantage même de l'injustice qui atteint son voisin que de celle qui le frappe. Cette disposition doit déterminer la manière d'être de ses chefs avec lui.

Il faut même aller très loin dans cette voie : les prérogatives du commandement ne doivent jamais pousser l'exigence au-delà de ce qui leur revient : les abus d'autorité sont des atteintes plus funestes à la discipline morale qu'une indulgence exagérée.

## IX

La discipline est, en effet, une arme à deux tranchants.

Si elle octroie au chef des droits, elle lui impose en
même temps des obligations. Elle ne peut être solide et
faire la force des armées que si elle existe aussi bien du
bas en haut que du haut en bas. Le soldat français ap-
prend surtout par l'exemple. Soyez vous-mêmes les es-
claves de la loi, si vous voulez qu'il le devienne. Il faut
que chacun, dit Marmont « au degré de la hiérarchie où
il est placé, ait sans cesse la pensée qu'il ne commande à
ses subordonnés qu'à titre de l'obéissance qu'il doit à ses
supérieurs ».

De cette façon, tous n'ont qu'un but devant lequel,
mesquins, se rangent les intérêts particuliers : c'est la
grandeur de la France.

## X

La discipline militaire, d'ailleurs, peut-elle être autre
chose qu'un élément de la discipline sociale? Il s'agit,
chez le citoyen libre devenu soldat, d'enraciner la discipline et non de la greffer (1). La recrue, à de rares excep-
tions près, vient accomplir son devoir militaire déjà fa-
miliarisée avec l'idée de la discipline, grâce à l'action de
l'école, de la famille, de l'atelier. Il ne reste qu'à développer ce germe en lui donnant la direction nécessitée
par les exigences militaires.

L'armée ne forme pas un tout isolé : c'est un élément
de la vie sociale. On ne peut trop insister sur cette constatation qui doit servir de directive à ceux qui ont pour
mission de travailler à l'organisation normale de notre
puissance militaire.

(1) Il est bon de remarquer qu'il n'est nullement question ici de
marques extérieures de respect. Ce sont des formes de politesse
dont l'importance est bien secondaire pour tout esprit sérieux.
Chacun est poli à sa manière. La discipline, au contraire, a des
règles éternelles, immuables, dans tous les temps, comme chez
tous les peuples.

# CHAPITRE III

## DÉVELOPPEMENT DE LA FORCE MORALE

> Il faut, aux jeunes générations, fai-
> re du caractère sous cette double
> forme : *discipline et énergie.*

### SOMMAIRE.

I. La force morale et l'éducation populaire. — II. La force morale
et l'esprit public : armée et nation. — III. Influence de l'exemple des chefs au combat. —IV. Action de l'officier en temps de
paix. — V. Rôle de l'officier dans une démocratie. — VI. Liaison entre la discipline militaire et les libertés républicaines :
discipline et indépendance.

## I

La force morale, dont l'action sur la discipline nous
est apparue avec toute son importance, n'est pas un produit du travail musculaire ; elle est, avons-nous dit,
l'apanage d'une élite à l'intelligence développée, au
cœur soutenu par de nobles pensées. Le nombre des
âmes sereines, ainsi préparées à la lutte contre le danger, ne peut s'accroître que par la diffusion de l'instruction et une *amélioration de l'éducation populaire.*

On a dit que le caractère français n'est pas synthéti-
que, qu'il n'a pas le sens de la coordination et de la discipline. Mais est-ce là, comme on voudrait l'insinuer, un
défaut ethnique ? Non, mille fois non. Il n'y a pas vice
de nature, mais simplement défaut d'éducation. Ceci

constaté, la conclusion s'impose : inculquer à l'enfant,
à l'adolescent, l'habitude raisonnée de la règle, l'obser-
vance de la loi, par suite, aux jeunes générations faire
du caractère sous cette double forme : *discipline morale
et énergie physique.* Cela est une œuvre lente. Pas de
brutalités, rien que l'effort soutenu. La nature n'impro-
vise pas, elle mûrit longuement. Sachons nous inspirer
de cette sage lenteur : nous n'aurons plus de violences
insensées, d'impatiences indignées, mais, au contraire,
une scientifique patience.

Il est du devoir de tous ceux qui ont quelque influence, — l'officier occupe une place marquée dans les rangs
des dépositaires de l'autorité, — de poursuivre la campagne contre l'ignorance; c'est à eux de prendre un à un
tous les préjugés, ineptes et dangereux, toutes les superstitions grossières, à les dissiper au jour de la raison, à
en montrer, à en démontrer la vanité, l'absurdité, la
cruauté.

Le *vice est ignorance.* Il s'agit donc moins d'exhorter
les gens que de les éclairer. Le genre humain, suivant
l'expression d'un philosophe contemporain, est dans un
pays de fondrières, par une nuit épaisse. Vous le pous-
sez par les épaules pour le faire avancer : il rétive. Faites seulement la lumière et vous le verrez de lui-même
se mettre en marche.

L'éducation populaire, c'est le seul moyen de créer
l'énergie morale dont l'action est toute d'unification, de
cohésion, de coordination : c'est, d'ailleurs, la base essentielle de toute véritable discipline. C'est, qu'en effet,
il s'agit bien moins au point de vue militaire de la bravoure et de l'énergie individuelles que de l'union des
âmes, qui multiplie la force de chacun par la force de
tous, par la confiance que l'on a les uns dans les autres.
Remarquons, d'autre part, que, lorsqu'il s'agit de l'être

humain, il ne peut y avoir dressage, mais éducation. Tout
dépend de la manière dont le cœur bat et la tête rai-
sonne plutôt que de la façon dont manœuvrent bras et
jambes et du plus ou moins de puissance destructive des
engins employés.

Fortifier, au point de vue matériel, l'armée et la flotte,
c'est quelque chose. Mais ce n'est pas assez. Ce ne serait
rien, si on ne fortifiait en même temps l'âme nationale.
Insuffler à tous l'énergie, la méthode, la volonté; ap-
prendre à l'ouvrier, au paysan, au bourgeois surtout, ce
qui fait qu'un peuple est grand; donner au plus humble
la conscience de soi-même, le respect de la justice et le
culte de la patrie : telle est l'éducation qui fait un peuple digne de la victoire.

Mais, objectera-t-on, nous n'élevons pas nos concitoyens que pour la guerre. Cette éducation spartiate dont
vous parlez dépasserait les limites du possible. Quelle
relation, d'ailleurs, entre cette action toute militaire et
l'éducation féminine dont on ne peut nier le rôle et
l'importance futures? L'Allemagne fut ainsi casernisée,
caporalisée, mais elle avait une aptitude particulière
que nous ne possédons pas dans notre caractère latin.

Nous avouons ne pas trop tenir compte de ces objec-
tions en réalité plus superficielles que réellement pro-
fondes. Notre nature même, les habitudes de la société
française ne nous font pas craindre une exagération
dans le sens militariste, exagération qui irait à l'encon-
tre de nos propres idées. La vie militaire, nous ne sau-
rions trop le répéter, ne doit pas s'isoler; elle fait partie de la vie sociale.

C'est pourquoi il est permis de dire que le but de
toute éducation, civile ou militaire, c'est le développement dans l'âme d'un peuple d'un esprit d'obéissance
fait du sacrifice raisonné des instincts vulgaires aux sen-

timents supérieurs de liberté, de défense du pays, de résistance, au nom de l'humanité, aux assauts de l'ignorance et de l'égoïsme. L'obéissance ainsi comprise exige
une grande force d'âme; loin d'amollir les caractères,
elle les fortifie en les habituant à se plier volontairement
à tout ce qui est la loi, la règle, l'autorité légitime.

D'ailleurs, cet esprit de virile abnégation est d'application constante dans toutes les circonstances de la vie
civile. Cela est tout naturel et découle du principe que
nous avons déjà émis plusieurs fois : toute éducation
militaire est incomplète qui, derrière le soldat, ne vise
pas le citoyen, l'homme lui-même.

## II

L'histoire permet de constater que la force morale ne
peut s'exercer avec plénitude que dans les armées dé-
mocratiques qui combattent, non pour des intérêts particuliers, mais pour les intérêts supérieurs des idées de
liberté ou d'humanité. Le régime démocratique, en effet, réduit la part de l'autorité matérielle qui s'impose;
il exige en retour un accroissement proportionnel de
l'autorité morale qui s'accepte. Etant moins gouvernés
par une volonté extérieure, il faut que les hommes sa-
chent mieux se gouverner eux-mêmes. Ce qu'ils fai-
saient par force et par crainte, il faut qu'ils apprennent
à le faire de plein gré et par devoir.

La force morale, dès lors, n'est pas, on le comprend, le
simple résultat d'un entraînement militaire de quelques
mois ou de plusieurs années. L'état militaire n'offre, en
temps de paix, en temps de préparation, ni les stimulants, ni les sanctions supérieures que présente l'idée
générale du devoir. Le soldat, comme l'officier, en cher-

chent ailleurs. La discipline est, donc, qu'on le veuille ou non, fonction de l'esprit public, des mœurs nationales, de la conscience sociale. Par suite, elle dépend essentiellement de l'éducation de la nation prise dans son ensemble.

L'insubordination et la servilité, la révolte et l'asservissement, l'anarchie et la dictature, ce ne sont là, comme l'insolence et la bassesse, que les deux faces d'une seule et même réalité : l'insipience politique, l'inaptitude civique, l'incapacité sociale.

Une nation composée d'hommes ayant foi dans l'avenir, croyant au progrès et à l'humanité, ayant l'amour du prochain et la haine de l'injustice, mettant la vérité au-dessus de tout, pénétrés de l'esprit de sacrifice et de dévouement, cette nation, disons-nous, fournira une armée invincible.

Et qu'on ne vienne pas dire que ce serait une nation de saints, impossible à constituer. Cela n'est pas vrai.

C'est à nos institutions, à notre législation de faire naître la vraie discipline morale, de constituer cette unité morale du pays, seule source d'une véritable force.

« *Telle nation, telle armée.*

« La France tout entière est responsable des désastres de la dernière guerre. » (Général Bonnal.)

Une bonne armée, en effet, sort toute faite des entrailles d'un peuple esclave des lois ; les institutions militaires d'une nation ne peuvent être qu'un reflet de la constitution civile, de la pensée générale.

Le soldat de la dernière guerre est bien à plaindre. Le malheureux apportait sous les drapeaux tous les défauts, tous les vices, tout le scepticisme de la nation. Comment se pourrait-il qu'un assemblage d'éléments matériels sans aucune vigueur morale ait quelque force dans l'action ?

« Ce qui fait vivre un peuple, c'est le sens moral, la volonté, l'honneur. » (P. et V. Margueritte.) La valeur d'une armée dépend du développement de ces mêmes éléments.

## III

La forte éducation morale reçue par l'homme dans la société s'appuie au combat sur un élément de haute importance : l'influence de l'attitude personnelle des chefs, l'exemple donné par eux. Le rôle de l'officier est parfaitement mis en relief par notre règlement lorsqu'il dit : « Nulle part, le soldat n'est plus obéissant et plus dévoué qu'au combat. Il a les yeux constamment fixés sur ses chefs. Leur bravoure et leur sang-froid passeront dans son âme ; ils le rendront capable de toutes les énergies et de tous les sacrifices . » (*Service en campagne*, décret du 28 mai 1895, art. 138.)

Il faut que le chef n'oublie jamais ces paroles. Sa figure est toujours consultée par ses subordonnés ; il doit ne permettre d'y lire que quand il veut bien y laisser lire : c'est chose évidemment difficile sur le champ de bataille. Là, l'intrigue s'aplatit, muette ; les braves d'antichambre, les savants de salon, les galopeurs en temps de paix, devront donner la valeur de leur mérite. Justice, complète justice est rendue à ce tribunal où l'honneur seul préside.

Le vrai chef trouve une influence telle que sa troupe fait corps avec lui, que sa pensée est la sienne et sa confiance, celle qu'il donne. Un chef qui ne tient pas ses hommes dans sa main et qui ne les meut pas tous comme un seul homme est indigne de sa position.

Citer des faits, serait retracer l'histoire universelle des guerres, ce serait évoquer Condé à Rocroy, Napoléon à Rivoli, Ney à Waterloo, de Galliffet à Sedan et tant d'autres, héros obscurs. Notre France peut s'enorgueillir d'avoir laissé à l'humanité les plus admirables de ces exemples. Nulle part, mieux que dans notre pays, on n'a donné au mot CHEF un sens plus beau que celui résumé dans cette explication, qu'en donne de Brack : *tête, exemple.*

## IV

Mais l'influence au combat n'est qu'une partie minime, exceptionnelle, tout au moins à notre époque, dans le grand rôle de l'officier. Celui-ci doit être un exemple de force morale sans mélange, en toute circonstance et non pas seulement dans les cas extrêmes. Il doit en faire preuve autant au moins dans les ingrates relations du service journalier, que dans le danger, que dans la fièvre du combat. Il doit s'imposer à ses subordonnés, tout à la fois par le respect que sa vie privée, sa réputation en temps de paix font naître, mais aussi par son esprit qui voit, juge et combine et son caractère qui exécute (1).

Quand, à ces qualités, il joint la connaissance de l'homme, des passions qui le conduisent, des secrets mouvements de son cœur, il est bien près d'être un bon chef. Il est inutile de préciser d'ailleurs que, par connaissance de l'homme, nous n'entendons pas cette connaissance plus ou moins vague de l'humanité en général. Le premier secret du commandement — du commandement subalterne s'entend — c'est la connaissance particulière de chaque homme. D'elle seule peut sortir la justice ; elle

---

(1) Il est pénible de constater que, pour l'esprit français, énergie militaire et haute vie morale paraissent incompatibles. Un truculent soudard, une superbe brute, voilà comment beaucoup conçoivent exclusivement le militaire, sans soupçonner que l'énergie mentale et morale habite le plus souvent chez les méditatifs et les silencieux.

seule peut donner à l'autorité son véritable caractère fait
d'expérience et de paternité mâle. La paternité empreint
l'autorité de bienveillance ; elle la maintient entre la ri-
gueur qui rebute et la faiblesse qui dissout. Elle affermit
la discipline parce que ceux qui en acceptent les rudes
lois les sentent adoucies par l'équité du chef, et comman-
dées par le seul sentiment du devoir.

Cette influence du chef pendant le temps de paix est
d'ailleurs la préparation de celle du temps de guerre. Sur
le champ de bataille, l'officier moissonne et récolte ce
qu'il a semé. Mieux il a fait son devoir précédemment,
mieux au combat, il réunit en un faisceau toutes les volontés pour les changer en une seule : la sienne.

## V

Le rôle de l'officier n'est pas, dans l'armée d'une démocratie, il ne peut être même de ne faire que des soldats,
de pétrir de la chair à canon. Sa mission est plus grande,
mais aussi plus difficile : la nation lui confie des adoles-
cents, il doit en faire des hommes. C'est ce qui fait la
noblesse et la beauté de sa tâche. Son métier ne serait
pas le premier de tous, s'il se bornait à tuer et à faire
tuer. Il est pur, il est beau parce que l'officier a charge
d'âmes. Il est un conseiller, un guide ; il doit s'efforcer
d'être un exemple.

Comme tous les hommes exerçant une certaine action
sur une partie de leurs concitoyens, l'officier devrait être
un *éducateur social*. C'est ainsi que, personnellement,
nous comprenons son rôle. C'est pour lui un devoir absolu. La vraie grandeur ne consiste pas à planer et à
dédaigner les petits et les humbles, mais bien à les élever
peu à peu jusqu'à des régions plus élevées. Il y a une
sorte de solidarité fatale entre les individus d'une géné-

ration. La société est un corps ; qu'on l'accepte ou qu'on le nie, la solidarité des individus dans le corps social est aussi positivement vraie que la solidarité des cellules dans le corps animal. Elle agit imperturbablement, implacablement. Pour son bon fonctionnenrent, cette association réclame la loyauté de ses membres. Le devoir ne consiste donc pas rien qu'à s'élever soi-même, pour servir d'exemple, mais encore et surtout à aider les autres.

Si l'officier arrivait à faire comprendre que l'obéissance ne saurait rien avoir d'humiliant lorsqu'elle s'adresse à un homme qui est lui-même l'obéissant serviteur du devoir commun, il aurait fait faire un grand pas à la solution du problème de l'inégalité des conditions dans la société.

Inégalité insupportable tant qu'elle apparaît comme le résultat de la lutte des individus pour l'existence et la domination. Mais, que l'officier explique aux humbles qui l'entourent que leur action n'est pas moins indispensable au résultat que celle des plus hauts situés, que la patrie a besoin de serviteurs placés à différents postes et que sa grandeur est faite des dévouements des plus obscurs, comme des plus éclatants, alors l'inégalité matérielle se résoudra en une véritable égalité morale.

Pourquoi donc l'officier ne dirigerait-il pas tous ses efforts pour assurer le triomphe de l'idéal de notre démocratie ? Cet idéal est que la société arrive enfin à justifier son admirable nom, c'est-à-dire qu'elle ne soit plus une simple juxtaposition d'individus, mais un immense réseau aux mailles serrées, formé d'associations de tout genre qui répondent à tous les besoins. L'armée est une de ces associations.

L'officier ne pourrait-il, dans le même ordre d'idées, faire comprendre la différence, théorique tout au moins, entre un simple soldat et un gradé, un simple ouvrier et un patron. Chez l'un, malheureusement, imprévoyance et insouciance. Chez l'autre, notion de l'ensemble, initiative et responsabilité. Soldat, sergent, officier, — ouvrier, contre-maître, patron; ici, là, partout, la loi naturelle engendre obligatoirement la nécessaire hiérarchie.

Mais ce rôle social, l'officier peut-il le remplir en France? Lui est-il possible d'être le trait d'union entre les exigences de la discipline militaire et les libertés républicaines? Nous répondons hardiment oui, ne mettant à notre affirmation qu'une seule restriction : il faut qu'il trouve dans l'âme de l'adolescent qui lui est confié un terrain préparé pour la semence qu'il doit y déposer.

Oui, notre nation, plus que toute autre, est capable de force morale. Les stimulants ni les réactifs n'ont jamais manqué à l'âme française : il suffit de savoir jouer de cet organe puissamment vivace et réellement susceptible d'enthousiasme. C'est à coup sûr un merveilleux instrument ; mais, pour bien le manier, s'il faut de l'énergie, il faut surtout du doigté, car cet instrument est fait de matière humaine et française, partant essentiellement impressionnable et nerveuse.

L'histoire suffirait à prouver ce que nous avançons, si l'expérience journalière ne nous en apportait des preuves indiscutables. Pour quiconque a vécu avec la troupe, la nature de la jeunesse française est foncièrement bonne et naïve. On aurait tort d'attribuer à mal la gouaillerie de chambrée qui n'est qu'une fanfaronnade de scepticisme à fleur de peau. Celui-là, ne nous émeut guère.

Plus que tout autre, le soldat français se laisse empoigner par l'Idée. Les grands symboles frappent son imagination, s'en emparent, comme les féeries hantent l'esprit des enfants : il suffit de savoir tirer parti de l'amour-propre que chaque soldat possède pour arriver à de beaux résultats.

Il faut trouver le moyen de réveiller cette pointe de dignité personnelle dans les âmes que les circonstances ont dégradées. Combien de fois ne voit-on pas l'homme se piquer d'honneur pour accomplir une tâche d'abord fort désagréable et devenir reconnaissant de la corvée imposée comme d'une marque de confiance. C'est l'obéissance voulue, la DISCIPLINE ACCEPTÉE, la seule et vraie discipline.

## VI

Nous touchons ici au point le plus délicat de cette étude. Comment, en effet, ainsi que nous le disions plus haut, comment concilier les *nécessités militaires de l'obéissance*, de la soumission de tous les instants avec les *idées républicaines de liberté, d'égalité ?* Est-il possible, théoriquement et surtout pratiquement, d'établir une liaison entre le respect de la dignité humaine dans le citoyen libre d'une république, et les exigences disciplinaires sans lesquelles il ne peut y avoir d'armée solide (1) ?

C'est à la solution de ce problème délicat que vont nous servir les développements qui ont établi la supériorité de la force morale sur la force brutale, de la solidarité sociale sur l'égoïsme individuel.

Notre ombrageux instinct d'égoïsme irréductible confond volontiers libertés républicaines et indépendance. Si l'on voulait cependant réfléchir un instant, ne comprendrait-on pas que, si l'association des individus commençait par affaiblir l'individu, elle serait une révoltante

(1) « La discipline qui brise la volonté individuelle n'est point la discipline; car la discipline n'est que l'abdication consciente de la volonté individuelle. Et pour qu'une volonté se renonce, il faut d'abord qu'elle existe. » (Archiduc Jean Salvator.)

duperie. Comment, par la diminution des forces prises isolément, pourrait-on arriver à en augmenter la somme? Et, cependant, une nation, a-t-on dit avec justesse, est plus que la somme des individus. L'association, au lieu de soutirer de la force aux unités composantes, leur en inocule. Elle dilate et exalte. Plus la collaboration est organisée savamment et fermement, plus les collaborateurs développent leurs énergies avec aisance, plénitude et efficacité.

L'association, si elle est fausse, est oppressive; juste, elle est, forcément, nécessairement expansive.

L'instinct d'indépendance, si ombrageux soit-il, doit donc se rassurer. Coordination n'exclut pas indépendance. Discipline n'est pas synonyme d'esclavage. Celui-ci diminue la personnalité humaine; l'autre aide à son développement.

C'est qu'en effet, la soumission qui est nécessaire aux armées modernes ne peut plus être faite de l'obéissance passive qui caractérise la discipline matérielle. Elle est faite, au contraire, d'obéissance voulue : la raison est la base de la discipline d'une armée démocratique.

Remarquons immédiatement le peu de valeur du reproche adressé aux armées permanentes d'imposer une servitude à l'homme libre. Certes, en apparence, cette servitude existe et nous en avons donné les caractères. Mais, quand sonne la générale, la servitude devient service rendu à la France. Cet esclavage voulu n'est-il pas alors le suprême honneur du soldat? C'est l'accomplissement du devoir civique dans son essence même et dans sa plénitude.

Il ne peut rentrer dans cette étude, avant tout militaire, de rechercher le rôle de l'éducation de la famille et de l'éducation de l'école dans la formation de l'enfant ou de l'adolescent. C'est cependant de l'établissement de cette base indispensable que dépend l'avenir de la société actuelle. La moralité ne doit-elle pas se développer dans la mesure où se développe la liberté elle-même? Les hommes doivent évidemment se conduire d'autant mieux qu'ils sont plus libres de se mal conduire. A ce point de vue, l'éducation de l'enfance est l'espoir de tout gouvernement démocratique et la garantie de sa durée. On pourrait dire qu'elle est la condition même de son existence.

Il faut admettre que l'enfant, comme l'adolescent, ont été soustraits à cette direction funeste qui, mettant l'âme en tutelle obligatoire, émascule l'énergie, l'initiative pour toute la vie. Le but d'une éducation démocratique est de mettre l'homme en état de se conduire lui-même et de se passer de mentor : *moraliser le peuple en l'instruisant*. Pour cela, il faut le persuader qu'il porte en lui la loi et la règle de sa conduite, il faut qu'il soit convaincu de la sagesse de cette loi et qu'il s'y soumette. L'adolescent peut et doit arriver dans les rangs de l'armée convaincu qu'il vient y remplir son devoir de citoyen et qu'il doit l'accomplir avec courage, avec entrain. Les éducateurs militaires, recevant des recrues dans un tel état d'esprit, auront encore un rôle assez beau et assez vaste pour occuper les plus dévoués et intéresser les plus indifférents.

On conçoit, dès lors, que la discipline qui a pu suffire à conduire les armées de la royauté à la victoire soit totalement incapable d'assurer la cohésion, l'unité de notre armée moderne, sous un régime politique de libre discussion. Dans une armée de carrière, en effet, l'homme, qui n'est que soldat, acquiert peu à peu un sens de la guerre susceptible de lui rendre la contrainte moins nécessaire. Celle-ci reste légale, mais devient douce dans l'application. Au contraire, l'homme enlevé pour un temps à ses occupations civiles ne peut devenir soldat que par une action énergique exercée par son intelligence sur sa volonté. La contrainte n'est plus légale, mais imposée par la raison, elle devient morale.

# CHAPITRE IV

## ROLE DE LA DISCIPLINE MATÉRIELLE

—

> Si le vice est ignorance, il est aussi,
> et souvent, défaillance.

—

### SOMMAIRE.

Le vice est défaillance. — La loi et la contrainte. — Législation,
habitudes matérielles et morales. — La discipline matérielle
doit être sacrée.

Mais, en proclamant hautement la supériorité de la
discipline morale sur la discipline littérale et matérielle,
n'oublions pas que celle-ci, dans l'état actuel de notre société, joue un rôle indispensable.

Nous avons dit plus haut que le *vice* est ignorance; il
est aussi *défaillance* (1). S'il faut éclairer les aveugles,
il faut enflammer les tièdes. Il n'y a qu'à ouvrir la voie
à l'élan des vaillants; mais les indolents, les mous, les
lâches, il faut les gourmander.

Il faut même aller plus loin et sévir. Le devoir se présente alors comme défense ou injonction, ordre, commandement à ceux qui ne l'ont pas compris comme indica-
tion, science ou exhortation.

—

(1)    Le mal des gens d'esprit, c'est leur indifférence......
       Le mal des gens de cœur, leur inutilité......

(Musset.)

Force morale.                                                     5.

Il ne s'agit plus d'ouvrir la voie au progrès ; il faut fermer la voie au recul. C'est le rôle de la loi qui, obligatoirement, s'appuie sur la contrainte. L'expérience journalière ne montre-t-elle pas que, dans l'armée, comme dans la famille ou à l'école, nombreux sont les cas où il faut avoir recours à l'action de la discipline matérielle.

Son but, d'ailleurs, est également éducatif. Notre législation assure la tutelle de l'élite sur la foule, mais prépare aussi la réforme des mœurs, par une action réelle et profonde. Choses précises et concrètes, les lois amènent la masse indifférente à des habitudes qui ont un profond retentissement sur l'esprit général.

« Toute action insérée par nous dans le tissu des événements humains a des suites incalculables », dit M. H. Marion (*De la Solidarité morale*). L'acte accompli modifie son auteur et rend plus facile une certaine conduite. C'est la *perfide et terrible loi de l'habitude*. L'on devient prisonnier de soi-même. Le passé enchaîne et usurpe l'avenir.

N'oublions pas qu'il serait fatal de séparer la pensée et le sentiment d'avec les mouvements et les actes extérieurs. Les habitudes du corps ont une secrète mais très réelle influence sur celles de l'âme (1). C'est donc en accomplissant la loi que nous arrivons à vouloir de nousmêmes ce qu'elle nous impose. Cet entraînement à l'obéissance fera toujours la supériorité des armées permanentes sur les milices.

Cette constatation fait l'objet de douloureux dévelop-

---

(1) « Nos tristesses et nos allégresses, c'est-à-dire nos puissances et nos impuissances, c'est le legs confus et indéclinable de nos aïeux...... Parallèlement, ce que je fais aujourd'hui rive une chaîne aux pieds des générations qui se lèveront dans les siècles lointains. Des millions d'inconnus, encore enfouis aux limbes de l'existence, sont déjà serfs de nos erreurs et de nos folies. » (Jean Izoulet.)

pements dans le livre que le général boer Christian de Wet a publié sur ses extraordinaires campagnes (1900-1902). Certes, la matière militaire était admirable parmi les Burghers endurcis par la chasse, habitués au cheval, au tir, aux souffrances, aux intempéries, aux hasards de toutes sortes. Malgré cette étonnante aptitude, ils furent inférieurs au devoir suprême et ils périrent par un esprit particulier d'indiscipline qui n'est expliqué que par leur non-entrainement à l'obéissance.

Cette indiscipline fondamentale des milices boers est vraiment un cauchemar pour de Wet. Il nous la montre à chaque page de son écrit comme la pierre d'achoppement de ses plans et de ses efforts.

Ce que nous retiendrons de ses critiques mordantes et vibrantes des mœurs militaires du commando, c'est la pauvreté du système des milices et la faiblesse des levées improvisées : « Mes Burghers n'avaient point idée de la discipline militaire et de sa nécessité pour faire la guerre. » Tous étaient égaux dans le commando, mais cette « singulière organisation... nous valut bien des revers, car chacun sait qu'il n'y a pas d'armée possible sans la plus rigoureuse discipline ».

La discipline matérielle doit donc rester sacrée : nombreux sont encore ceux pour lesquels la contrainte est nécessaire. D'ailleurs cette discipline est le rappel de la discipline morale, de la soumission voulue des volontés, de la subordination de tous à la fin commune, qui est l'essence du devoir militaire.

En soumettant au même rythme les corps et les âmes de toute la jeunesse française, bouillante d'ardeur et prompte à l'enthousiasme, on peut, on doit arriver à imprimer en elle une loi de développement harmonique qui, dans tout le cours de la vie, déterminera d'elle-même le concert des pensées et des volontés.

C'est à ce résultat que doit tendre l'*éducation républi-caine*, dans la famille comme à l'école, dans l'armée com-me dans la société, par l'utilisation des ressources que la nature a placées dans l'âme française.

———

# TABLE DES MATIÈRES

---

## CHAPITRE IV.
### *Rôle de la discipline matérielle.*

———

Paris et Limoges. — Imp. milit. Henri CHARLES-LAVAUZELLE.

# Librairie militaire Henri CHARLES-LAVAUZELLE

*Paris et Limoges.*

**Armes portatives françaises et étrangères**, par le capitaine BATAILLE: France (fusil mod. 1886 M. 93); Allemagne (fusil mod. 1888); Autriche (fusil mod. 1895); Russie (fusil mod. 1891. Chaque puissance fait l'objet d'un fascicule in-plano, tiré en deux couleurs, avec gravures dans le texte et une planche hors texte en dix couleurs. Prix du fascicule. 5 »

**Guide pratique des exercices de combat et de service en campagne** (3e édition). — Volume in-32 de 92 pages avec 10 croquis, cart....... » 75

**Service en campagne d'une compagnie d'infanterie**, par le capitaine BOSCHER, avec 27 croquis, cartes ou plans. — Vol. in-8 de 260 p.. 4 »

**La compagnie isolée en marche et en station**, avec trois croquis, par F. B. — Brochure in 8 ...................................... » 50

**Des éclaireurs de montagne**, par H. DUSON, lieutenant de chasseurs alpins. — Brochure in-8° ................................... 1 50

**Agenda de mobilisation. Infanterie** (2e édition). Volume in-18 de 128 pages, relié pleine toile................................. 2 »

**Guide pratique pour la guerre en Afrique**, à l'usage des officiers et des sous officiers, par le lieutenant colonel A. DUMONT, ex-officier des affaires indigènes (8e édition). — Brochure in-18 ................. 1 25

**Formations et manœuvres de l'infanterie en campagne**, par le capitaine breveté G. LÉVY. — Volume in 8 de 92 pages avec croquis dans le texte................................................... 2 »

**Essai historique sur la tactique d'infanterie depuis l'organisation des armées permanentes jusqu'à nos jours**, par le commandant GÉRÔME, breveté d'état-major, ancien professeur adjoint d'art et d'histoire militaire à l'École spéciale de Saint-Cyr. — Volume in-8° de 272 pages, avec 70 croquis ................................................ 5 »

**Historique de la tactique de l'infanterie française**, par V. VRYNANTR chef de bataillon breveté au 42e d'infanterie, 10 croquis. — Vol. in-8° de 120 pages............... :..................................... 2 50

**Cartes étrangères. Notions et signes conventionnels**, par le capitaine ESPÉRANDIEU, professeur de topographie et de géographie à l'École militaire d'infanterie. — Volume in-8° de 140 pages.................... 4 »

**Français et Allemands**, étude démographique et militaire des populations actuelles de la France et de l'Allemagne, l'Alliance franco-russe et l'Allemagne, par le Dr J. AUBEUF. — Volume in-8° de 122 pages.. 2 »

**Causerie sur le cheval**, conférences faites aux cavaliers du 21e chasseurs par le lieutenant H. DE ROCHAS D'AIGLUN. — Br. in-8° de 78 pages.. 1 50

**La stratégie et la tactique allemande au début du vingtième siècle**, étude par le général PIERRON. — Volume in-8° de 394 pages avec croquis dans le texte............................................... »

**Étude sur la tactique de l'infanterie**, par V. VRYNANTR, chef de bataillon breveté au 42e régiment d'infanterie, avec croquis. — Brochure in-8° de 81 pages............................................... 2 »

**Étude sur la tactique de ravitaillement dans les guerres coloniales**, par NED-NOLL. — Volume in-8° de 156 pages............... 2 50

**Tactique raisonnée de l'infanterie**, par Ch. DELTHEIL, chef de bataillon au 1er régiment d'infanterie. — Brochure in-8° de 32 pages......... » 75

**Guide pour le chef d'une petite unité d'infanterie opérant la nuit** (marches, avant-postes, combat, méthode d'instruction), par le capitaine breveté NIESSEL. — Vol. in-8° de 100 pages, 6 croquis dans le texte.. 2 »

**Principes fondamentaux et tactique raisonnée du combat de nuit**, par le lieutenant-colonel G. TRUMELET-FABER, du 20e d'infanterie. — Brochure in-8° de 96 pages, avec 4 figures dans le texte.. ......... 2 »

Librairie militaire Berger-Levrault

Paris et Limoges

**Instruction spéciale des éclaireurs d'infanterie**, par le lieutenant J.-M. FRANCESCHI, du 137e régiment d'infanterie. — Volume in-8e de 112 pages, avec 16 croquis dans le texte........................ 2 »

**Manuel des candidats de toutes armes aux différents grades d'officier dans la réserve et dans l'armée territoriale.** Programme développé des connaissances exigées par le décret du 16 juin 1897. — Volume in-18 de 708 pages, avec 280 croquis dans le texte.......... 4 »

**Instruction pour les éclaireurs d'infanterie.** Brochure in-32 de 48 pages, avec un tableau de signaux pour la transmission optique......... » 75

**CLAUZEWITZ.** — **La Campagne de 1814 en France**, traduit de l'allemand par G. DUVAL DE FRAVILLE, chef d'escadron d'artillerie breveté, instructeur d'équitation à l'Ecole d'application de l'artillerie et du génie. — Volume in-8e de 166 pages, une carte.......................... 3 50

**Les corps francs dans la guerre moderne.** — **Les moyens à leur opposer**, étude historique et critique sur l'attaque et la défense des voies de communication et des services de l'arrière, par le capitaine V. CHARETON. — Vol. in-8e de 260 pages, avec 9 croquis dans le texte.. 4 »

**Général GALLIÉNI.** — **Rapport d'ensemble sur la pacification, l'organisation et la colonisation de Madagascar** (octobre 1896 à mars 1899). — Volume in-8e de 628 pages........................ 7 50

**Souvenirs de Madagascar**, par le lieutenant LANGLOIS. — Volume in-8e de 192 pages, 37 croquis............................ 3 50

**Campagne de 1866**, étude militaire rédigée conformément au programme des examens d'admission à l'Ecole supérieure de guerre, par C. DE RENÉMONT.

TOME Ier. **Opérations en Bohême.** — Volume in-8e de 390 pages avec 20 cartes ou croquis dans le texte........................ 7 50

TOME II. **Opérations sur le Mein, en Italie et en Tyrol.** — Volume in-8e de 368 pages avec 14 croquis dans le texte.................. 7 50

**Troubles et émeutes.** — Recueil des documents officiels indiquant les mesures à prendre par les autorités civiles et par les autorités militaires, par J. SAUMUR, officier d'administration de 1re classe d'état-major. — Volume in-32 de 88 pages........................ » 50

**Ecole régimentaire de tir à l'usage des officiers et sous-officiers d'infanterie**, par le commandant breveté ALLEGRET, du 4e tirailleurs algériens. — Volume in-8e de 140 pages avec 11 figures dans le texte. 3 »

**L'Infanterie perd son temps**, par le général Ch. PHILEBERT. — Brochure in-18 de 78 pages........................ 1 50

**Carnet-agenda du sergent de tir.** — Volume in-8e de 152 pages... 1 50

**Les cartouches et le caisson d'infanterie.** — Volume in-32 de 100 pages avec figures, broch', » 50; relié........................ » 75

**Notre fusil**, par le général LEBREUX. — Brochure in-8 de 44 pages.... 1 »

**Traité pratique de l'escrime à l'épée de combat sur le terrain**, par E. DARBON, maître d'armes au 23e chasseurs, ex-sergent maître d'armes à l'Ecole de Saint-Cyr. — Brochure in-12 de 36 pages.............. » 60

**Escrime de chambre**, méthode pour s'exercer seul à faire des armes, par le commandant E. T. — Fascicule in-32 de 24 pages............. » 25

**Méthode d'enseignement de l'escrime avec l'épée de combat. Jeu de terrain**, par M. SZUPATT, maître d'armes au 5e régiment de hussards. — Brochure in-18 de 80 pages, avec 12 photogravures............. 2 »

Le catalogue général de la Librairie militaire est envoyé gratuitement à toute personne qui en fait la demande à l'éditeur Henri CHARLES-LAVAUZELLE.